AF247954

UN
MISSIONNAIRE
SEDANAIS

ESQUISSE BIOGRAPHIQUE

PAR

M. l'Abbé LEJAY

ANCIEN VICAIRE GÉNÉRAL DU MANS,
AUMÔNIER DE L'HÔPITAL DE LA VILLE DE SEDAN.

CHARLEVILLE

TYPOGRAPHIE ET LITHOGRAPHIE DE A. POUILLARD,
RUE NAPOLÉON, 22.

UN
MISSIONNAIRE
SEDANAIS

UN
MISSIONNAIRE
SEDANAIS

ESQUISSE BIOGRAPHIQUE

PAR

M. l'Abbé LEJAY

ANCIEN VICAIRE GÉNÉRAL DU MANS,
AUMÒNIER DE L'HÔPITAL DE LA VILLE DE SEDAN.

CHARLEVILLE
TYPOGRAPHIE ET LITHOGRAPHIE DE A. POUILLARD.
RUE NAPOLÉON, 22.

UN

MISSIONNAIRE

SEDANAIS

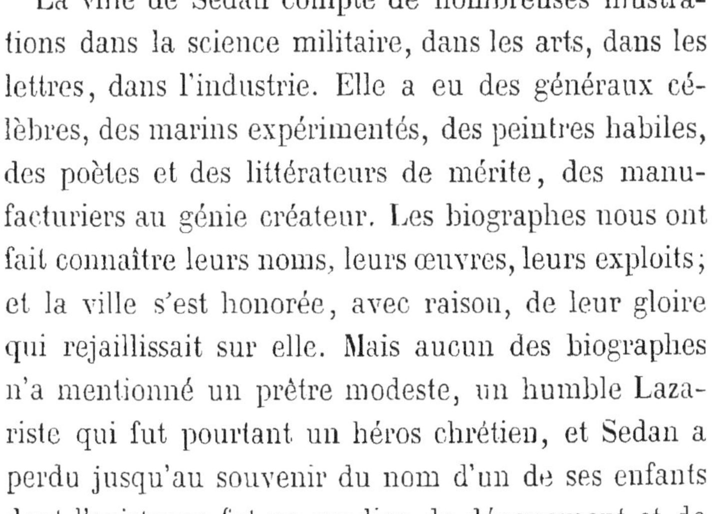

La ville de Sedan compte de nombreuses illustra-
tions dans la science militaire, dans les arts, dans les
lettres, dans l'industrie. Elle a eu des généraux cé-
lèbres, des marins expérimentés, des peintres habiles,
des poètes et des littérateurs de mérite, des manu-
facturiers au génie créateur. Les biographes nous ont
fait connaître leurs noms, leurs œuvres, leurs exploits;
et la ville s'est honorée, avec raison, de leur gloire
qui rejaillissait sur elle. Mais aucun des biographes
n'a mentionné un prêtre modeste, un humble Lazariste qui fut pourtant un héros chrétien, et Sedan a
perdu jusqu'au souvenir du nom d'un de ses enfants
dont l'existence fut un prodige de dévouement et de
charité. On a consacré de magnifiques éloges aux
foudres de guerre, à ces vaillants guerriers qui ont

porté au loin la terreur de nos armes et gagné de sanglantes victoires sur les ennemis de la patrie; on n'a pas accordé une ligne de louange au prêtre qui passa *quarante ans* de sa vie à accomplir des travaux surhumains, à braver des périls sans nombre pour arracher les malheureux esclaves chrétiens aux tortures des bagnes algériens. Aux regards de Dieu, aux yeux de l'humanité, qui donc cependant a le mieux rempli sa mission? qui a le plus de droits à la louange et à la reconnaissance publiques?

Ce prêtre, c'est M. Lambert Duchesne. Sa ville natale a oublié sa mémoire, il nous semble bon et juste qu'on la lui rappelle : c'est pourquoi nous croyons obéir à un devoir en écrivant cette notice [1]. Il est des traits que les regards aiment à contempler; ceux de M. Lambert Duchesne captiveront toujours les âmes nobles et élevées.

On sait que l'administration de la paroisse de Sedan fut confiée par Louis XIII à saint Vincent de Paul qui y installa ses prêtres en 1643, et durant cent cinquante ans, c'est-à-dire jusqu'à la Révolution, la ville eut pour curés des Lazaristes très-remarquables et par le zèle et par le savoir; pendant cent cinquante ans ces dignes ouvriers évangéliques exercèrent dans cette ville manufacturière un ministère

---

[1] Je ne saurais assez remercier le vénéré M. Etienne, supérieur général des Lazaristes, de son obligeance, de sa grâce parfaite, à mettre à ma disposition les archives de son Ordre.

aimé et béni; et lorsque nous interrogions, il y aura demain quarante ans, les vieillards qui avaient vécu au milieu d'eux, ils ne prononçaient qu'avec reconnaissance les noms de ces prêtres modestes qui, du premier jour de leur sacerdoce jusqu'aux jours à jamais néfastes de la suppression de tous les cultes sur le sol français, s'étaient identifiés avec la population sedanaise. Ces pieux enfants de saint Vincent de Paul avaient juré d'épouser ses souffrances, de vivre et de mourir pauvres au milieu d'elle, et les annales de deux siècles disent combien ils y furent fidèles; ces mêmes annales attestent que la paroisse répondit à leur zèle et à leur dévouement par une filiale déférence et un inaltérable attachement [1].

---

[1] Une cure confiée à un Ordre religieux, pour n'être plus un fait aussi fréquent dans l'Eglise de France, depuis l'ère républicaine de 89, n'en existe pas moins encore dans un certain nombre de diocèses. Nous pourrions, entre autres, citer les diocèses de Tours, d'Amiens, d'Orléans; et n'avons-nous pas une des plus grandes et des plus illustres paroisses de Paris confiée actuellement même à la célèbre compagnie des Sulpiciens? Le *Bulletin du diocèse de Reims,* du 13 mars 1869, ne relatait-il pas ce magnifique témoignage adressé à la *Semaine religieuse de la Lorraine,* le 21 février dernier :

« Pour moi, écrivait son correspondant habituel, la paroisse modèle de Paris
« c'est Saint-Sulpice. La foi y est vive, et nulle part peut-être il ne se fait
« autant de bien. Quand on veut être édifié, c'est là qu'il faut assister aux
« offices. Les cérémonies s'y font à merveille, et la musique y est des plus
« belles, sans cesser d'être grave et austère comme il convient au chant
« d'Eglise. Ce qui donne un cachet particulier à la paroisse de Saint-Sulpice,
« c'est qu'elle a des traditions. Depuis qu'elle a été réformée et réorganisée par
« le vénérable M. Olier, elle a conservé une physionomie toute spéciale, et cela
« dure depuis deux cents ans. M. Olier avait voulu que les prêtres de sa
« paroisse fussent constitués en une petite communauté séparée de la grande,
« tout en dépendant du supérieur général. La Révolution fit disparaître cette
« heureuse institution, et pendant une soixantaine d'années la paroisse a été

Ces préliminaires posés, voici l'histoire du Lazariste M. Lambert Duchesne, de cet homme d'élite qui fit honneur à la ville où il vit le jour et à l'Ordre religieux qui l'accueillit dans ses rangs.

M. Lambert Duchesne naquit à Sedan, le 24 août 1652, de parents catholiques, peu favorisés des dons de la fortune, mais noblement doués de ces belles et solides qualités qui caractérisent encore aujourd'hui le peuple sedanais. Son père, dont l'âme était fortement trempée de catholicisme, ne laissa pas flotter à l'aventure une existence qui lui était si chère; il comprit dans toute leur étendue les devoirs qui lui incombaient comme chef, comme prince de la famille, et il mit au premier rang de ses obligations de le guider par son exemple dans la voie de la religion et de l'y maintenir au milieu du contact des calvinistes, nombreux alors dans la cité sedanaise. Dès ses plus jeunes années, Lambert Duchesne révéla dans tous ses actes un caractère droit, franc, aimable et déjà fortement enclin à cette compassion pour

« desservie par un clergé séculier dans les conditions ordinaires. Ce fut
« Mgr Sibour qui confia de nouveau l'église Saint-Sulpice à la compagnie qui
« s'est hâtée de rétablir la petite communauté de M. Olier. Le pieux auteur de
« la *Vie de saint François de Sales et du cardinal de Chevérus*, M. Hamon,
« alors supérieur du grand séminaire de Bordeaux, fut désigné à l'archevêque
« pour être curé, et jamais choix ne fut plus heureux. »
Nous pourrions citer la ville de Richelieu, dans le département d'Indre-et-Loire, confiée aux soins vigilants et dévoués des Lazaristes ; et tout le clergé de France sait que les Lazaristes qui ont suivi si patriotiquement le drapeau de la France en Afrique, en Crimée, au Mexique, font bénir le nom de leur Père partout où ils sont appelés à exercer le ministère évangélique.

les malheureux, qui, plus tard, rayonna d'un éclat si vif pendant son apostolat dans les Etats barbaresques. Ce fut un jeune homme ardent à l'étude, désireux d'apprendre, d'une intelligence rare, d'un jugement solide, d'un esprit décidé et ferme dans ses desseins. Dieu lui avait donné de merveilleuses aptitudes pour les travaux de la science et les dévouements du zèle, et ces aptitudes il sut, par une sorte de vaillance native, les rendre éminemment fécondes. Il venait de terminer ses humanités dans ce collége de Sedan que Louis XIV avait confié aux Jésuites, et il s'y était concilié la bienveillance de ses maîtres non moins que l'affection de ses condisciples.

L'heure était venue pour lui de se prononcer sur la carrière qu'il devait parcourir; mais son choix était fait depuis longtemps déjà. Quand Dieu prédestine une âme à quelque mission importante, il a coutume de l'y préparer de bonne heure, et de placer en elle comme une sorte de ressort caché, des tendances, des aspirations qui trouveront dans l'avenir d'admirables consonnances; c'est une indication providentielle; or, toutes les tendances, toutes les aspirations du jeune Lambert bannissaient jusqu'à l'ombre même du doute; il fallait à cette âme généreuse les nobles travaux de l'apostolat. Son vœu le plus ardent était de cueillir un jour la palme du martyre de la charité; et, comme on le remarquera, ce fut, si j'ose m'exprimer ainsi, la note dominante de toute sa vie.

La pieuse famille de saint Vincent de Paul qu'il voyait chaque jour à l'œuvre dans l'administration paroissiale de Sedan, avait depuis longtemps fixé son choix, et il sollicita l'honneur d'y être incorporé. Il fut reçu au séminaire interne de Paris le 11 octobre 1672, et après les deux années de noviciat ou d'épreuves il fut admis à prononcer les vœux solennels. Ordonné prêtre, il fut employé aux différentes fonctions de la compagnie, et toujours il se fit remarquer par sa piété, son zèle, et un attachement scrupuleux à ses devoirs. Il louait Dieu avec effusion, soit que le supérieur général de son ordre lui confiât une chaire de théologie, soit qu'il lui donnât le mandat d'évangéliser les campagnes les plus délaissées, soit qu'il l'envoyât dans les provinces décimées par les horreurs de la guerre ou les horreurs de la famine ; mais une pensée l'obsédait, un désir dévorait son âme : c'était d'être envoyé aux missions de Barbarie, dans l'inhumaine régence d'Alger, afin de consacrer sa vie au rachat et au salut des pauvres esclaves chrétiens. Il sollicita donc avec instances la faveur d'aller occuper ce poste périlleux ; soldat du Christ, c'était ce poste d'honneur qu'il ambitionnait, et sur ce vaste champ de bataille nous verrons qu'il y tint vaillamment sa place, une place toujours digne et toujours honorée. Ses instances devinrent plus vives encore lorsqu'en 1688 il apprit la mort glorieuse de M. Montmasson, mis à la bouche d'un canon, et jeté en pâture aux oiseaux de proie des plages algériennes.

Mais ses vœux ne purent être exaucés aussi prompte-
ment qu'il l'aurait voulu , et, nommé supérieur du
grand séminaire d'Aleth, en Languedoc, il dut pendant douze ans, dans ce poste où il combattit les bons
combats, *bonum certamen certavi,* contre les erreurs
envahissantes du jansénisme, il dut attendre le mo-
ment où il pourrait enfin donner l'essor à cet esprit de
dévouement et de charité qui débordait de son cœur.

Ce fut le 11 juillet 1700 qu'il partit pour Alger afin
de partager le fardeau du missionnaire qui l'avait pré-
cédé de sept ans sur la terre barbaresque, et qui suc-
combait déjà sous le poids de son laborieux apostolat.

M. Duchesne avait quarante-huit ans lorsqu'il aborda
au rivage d'Alger. Son désir de pouvoir exercer son
saint ministère avec fruit et dans toute sa plénitude,
en confessant, en catéchisant, et en prêchant les pauvres esclaves chrétiens des différentes nations, lui fit
apprendre l'italien et l'espagnol. Il alla plus loin, il apprit l'arabe vulgaire tel qu'on le parlait à Alger, et ce
qui était plus difficile encore, l'arabe grammatical,
c'est-à-dire la langue mère sans laquelle on ne saurait
comprendre l'alcoran.

Pour faire quelques progrès dans l'arabe grammatical, il lui devenait indispensable d'avoir des relations
avec un lettré ou un iman. La Providence lui ména-
gea une occasion aussi favorable qu'il pouvait le dési-
rer, comme nous l'apprenons par une de ses lettres dont
la date peut être rapportée à l'année 1703 ou 1704.

Nous regrettons de ne pouvoir la donner dans son entier à cause de sa longueur ; mais quelle grâce de style, quel parfum de bonne littérature cette lettre n'exhale-t-elle pas ! « *Picetati litteras adjunxit.* » Il unissait les lettres à la piété.

« Quelques personnes se persuadèrent, je ne sais
« sur quel fondement, que j'étais un habile mathéma-
« ticien. Malgré le peu que je savais des sciences
« exactes, le plaisir qu'ils ressentaient de recevoir
« quelques éclaircissements, m'attira quelquefois la
« visite de quelques lettrés mahométans, mais surtout
« d'un Marabout, parfait honnête homme, iman ou
« prêtre musulman, qui est venu assez longtemps avec
« assiduité et à une heure réglée. J'ai profité de son
« zèle pour les mathématiques afin d'apprendre à lire
« l'arabe qui est sa langue maternelle et qu'il enseigne.
« La langue arabe grammaticale est si différente de
« l'arabe vulgaire qui est en usage dans les contrées
« algériennes, que n'eût-on aucune difficulté de par-
« ler l'idiôme du pays, on ne pourrait comprendre le
« système religieux des musulmans, ni les commen-
« taires de l'alcoran, si on n'avait étudié la langue
« grammaticale. Cet iman enseigne aussi la philoso-
« phie et l'astronomie, et voici comment je parvins à
« savoir que j'avais pour maître un professeur de phi-
« losophie : Pour m'exercer dans la langue arabe, je
« fis un argument en bonne forme qui établissait
« l'existence d'un Dieu, — cette matière ne pouvait

« pas blesser mon mahométan, puisqu'il croit comme
« nous à l'existence d'un Dieu, — mon maître ès-langue
« prétendit à l'instant être à même de démontrer la
« même chose, d'après une nouvelle méthode que je
« connais par les *Mémoires de Renoux* (juillet 1702),
« et il voulut bien s'offrir à corriger mon thème. Je ne
« fus pas peu surpris de voir que cet iman connaissait
« parfaitement les règles de l'argumentation, et il
« donna son approbation à mon syllogisme et à mes
« preuves; il me questionna sur la qualité des propo-
« sitions, leur généralité, leur particularité, leur affir-
« mation et leur négation, et il me dit qu'il connais-
« sait seize manières de faire un argument. Comment,
« lui dis-je, tu sais tout cela? — Oh! c'est ma chemise,
« me répondit-il, voulant dire par là qu'il en avait
« l'usage familier.

« Ce marabout lettré vient me voir de temps en
« temps, une ou deux fois le mois, quelquefois plus,
« d'autres fois moins. Il s'exprime difficilement en
« français, et cependant nous nous comprenons. J'ai
« trouvé en arabe le *Pater,* l'*Ave,* le *Credo,* les *Com-*
« *mandements de Dieu,* le *Salve,* le *Confiteor* et le
« *Symbole de saint Athanase.* Je le priai de m'aider à
« les lire et à les expliquer; il l'a fait, non sans un peu
« de peine, et uniquement pour ne pas me désobliger.
« Dix fois j'eus l'occasion de lui faire voir que notre
« religion est très-sainte, divine; il m'écoutait, il ob-
« jectait parfois, mais sans témoigner pourtant jamais

« le désir d'en savoir davantage. Je crus même m'aper-
« cevoir qu'il y avait en lui scrupule de tant m'écou-
« ter. Il faut être si discret avec ces mahométans !
« Mais comme je ne fais jamais entrer Mahomet dans le
« discours, pour déverser sur lui le mépris, je ne crois
« pas l'avoir jamais blessé, et en mille circonstances il
« prouve que j'ai une large part dans son estime. »

Il n'est pas sans intérêt de faire connaître quelques
détails sur Alger lorsque M. Duchesne y arriva, et les
fonctions qu'avaient à y remplir les prêtres de la Mission. Nous extrayons ces renseignements d'une lettre
écrite en 1704 par M. Duchesne lui-même.

Les Juifs étaient alors nombreux à Alger ; on en
comptait plus de 10,000. Ils avaient leur justice, leurs
magistrats, leurs rabbins, leurs synagogues et leurs
écoles. Ils aimaient à recevoir les visites des missionnaires et s'en honoraient ; mais néanmoins les relations étaient peu fréquentes.

Il y avait des chrétiens de différentes religions,
comme esclaves, bien entendu. Les Grecs possédaient
une église dans un bagne [1], où ils faisaient librement

---

[1] Outre les bagnes des galères de la République, dont les esclaves servaient
comme pirates dans les eaux méditerranéennes, il y avait quatre autres bagnes
dans la seule ville d'Alger ; chacun d'eux formait un vaste édifice distribué en
cellules basses et sombres, qui contenaient chacune quinze ou seize esclaves.
Une natte pour quelques-uns, et la terre humide pour le plus grand nombre,
leur servaient de lit. Ces lieux malsains étaient infectés d'animaux rongeurs,
d'insectes et de scorpions. On y logeait quelquefois cinq ou six cents esclaves ;
et lorsque tous ne pouvaient être placés dans les cellules, on les faisait coucher
dans les cours ou sur les terrasses des édifices. Un bachy en chef (gardien) était

leurs exercices de religion, selon leur rite, et sous la direction d'un prêtre envoyé par le patriarche d'Alexandrie. Les Anglais, les Danois, les Suédois, les Hollandais et les Allemands appartenaient pour la plupart à la religion protestante ; quelques Français étaient huguenots. Tous les autres esclaves, Français, Italiens et Espagnols, étaient catholiques.

Les missionnaires n'allaient que chez le consul de France, et à l'hôpital, chez les Pères Trinitains espagnols qui l'administraient, et avec lesquels ils vivaient en bonne intelligence. Quelques visites, à Noël et à Pâques, chez le consul anglais ; autant chez les principaux Juifs ; et enfin aux Pâques turques, une visite en corps, avec le consul, au palais du dey et aux principaux officiers qui se trouvent ce jour-là dans la maison du roi, tels que l'aga [1], le mufti [2] et le cazenadar [3]. C'était le cérémonial traditionnel.

chargé de les surveiller : il répondait d'eux ; aussi exerçait-il le plus souvent sa surveillance d'une façon toute barbare.

[1] L'aga, sous le règne des deys, était censé être le chef de la République. On lui portait les clefs de la ville tous les soirs ; tout se faisait en son nom, et c'était dans sa maison seule et par son ordre que les Turcs étaient condamnés à la bastonnade, à la prison ou à la mort, toutefois après l'assentiment du Dey.

[2] Le mufti était nommé et envoyé par le Grand-Seigneur ; il n'avait aucun pouvoir dans le gouvernement, et ne pouvait s'en mêler en aucune façon. Il décidait toutes les affaires de la religion et celles qui intéressaient la conscience, sans frais et sans appel. Un jour de la semaine, il se rendait à la mosquée des Turcs, pour présider aux jugements qui s'y rendaient sur différentes affaires civiles et religieuses.

[3] Le cazenadar était celui qui, en présence du dey et des quatre grands écrivains, mettait l'argent des prises faites en mer et le tribut des provinces dans le hazenat ou trésor, ou qui l'en tirait pour la paie de la milice. Il exerçait les fonctions de grand-trésorier de l'Etat.

Ces mêmes Pères avaient leur chapelle domestique
ouverte à tous ceux qui voulaient y entendre la messe
tous les jours, les dimanches et les fêtes ; et lorsque
dans les bagnes il n'y avait pas de prêtres esclaves, ou
que ces pauvres prêtres en étaient tirés de trop bonne
heure, — en été, trois heures du matin, — pour se
rendre au travail dans les mines ou dans les carrières,
les prêtres de la Mission allaient les suppléer pour la
célébration des saints mystères.

Il faut remarquer ici qu'un traité conclu entre le
Roi de France et le dey d'Alger, contenait un article
en faveur des prêtres de la Mission, lesquels avaient le
droit de pratiquer leurs devoirs en toute liberté.

Ecoutons maintenant M. Lambert Duchesne nous
énumérant les fonctions des prêtres de la Mission dans
cette résidence barbaresque : « Nos fonctions, écrit-il,
« consistent dans l'assistance spirituelle et corporelle
« que nous rendons aux chrétiens, mais principale-
« ment aux chrétiens esclaves. Faire des instructions,
« visiter les malades, consoler les affligés, fortifier les
« jeunes gens surtout contre la tentation de se laisser
« séduire, et d'embrasser l'islamisme pour se sous-
« traire à leur dure captivité ; telle est l'œuvre de
« chaque jour. Cette assistance spirituelle, nous pou-
« vons librement la donner aux esclaves lorsqu'ils
« sont dans les bagnes ou lorsqu'ils viennent chez
« nous ; mais nous ne pouvons l'offrir aux captifs qui
« se trouvent chez leur patron, qu'autant que le pa-

« tron lui-même nous le permette, ce qui est très-
« rare, pour ne pas dire sans exemple. Pour moi,
« j'avoue n'en avoir pas vu un seul pendant mon
« vicariat apostolique. »

Lorsqu'un chrétien mourait, indigène ou touriste, captif ou libre, il était enterré sans cérémonie au cimetière de la colonie chrétienne. On cite cependant quelques cas exceptionnels où des prières ont été dites sur la tombe, un cierge allumé au pied du cercueil : touchant symbole de cette foi vive que le chrétien avait conservée dans son cœur, et dont l'usage remonte à la plus haute antiquité, puisque saint Jérôme rapporte dans une de ses lettres qu'il existe dans toutes les églises d'Orient.

Les secours temporels distribués aux esclaves étaient de toute espèce pour le vestiaire comme pour la nourriture ; on leur faisait aussi quelques aumônes pécuniaires. Les missionnaires recevaient dans leur maison les lettres que les captifs envoyaient à leurs familles ou que celles-ci désiraient leur faire parvenir. Ce service, deux fois sacré à raison des confidences de famille et des intérêts de premier ordre qui se trouvaient engagés, s'accomplissait avec toute l'exactitude et la célérité possibles. Le rachat des pauvres esclaves semblait être leur premier et principal soin, tant ils se dévouaient et se dépensaient eux-mêmes pour cette œuvre évangélique. Il serait impossible de dire ici l'active et anxieuse correspondance que le vicaire apostolique entretenait avec Gênes, Livourne, Lucques, Carthagène et les principales villes du littoral de l'Espagne où les magistrats avaient des aumônes destinées au rachat des esclaves chrétiens.

Lorsqu'un orage s'élevait contre les chrétiens, le vicaire apostolique recourait au consul de France pour représenter au dey la fausseté des allégations, pour le prier de diminuer ou de suspendre la peine. Ces orages s'élevaient surtout lorsque le bruit se répandait de mauvais traitements infligés aux Turcs en chrétienté. Dans ces circonstances, l'effervescence musulmane était telle que le dey lui-même tremblait pour ses jours ou pour son trône, et que, quels que fussent ses sentiments personnels, il se voyait contraint de donner quelque satisfaction aux passions de la multitude pour échapper aux fureurs d'un sombre et farouche fanatisme. Une fois, entr'autres, sur un rapport à l'égard des Turcs en pays chrétien, ces barbares firent donner six cents coups de bâton aux religieux de Tunis, bien qu'ils fussent sous la protection du roi de France, et malgré tous les efforts imaginables du consul pour les soustraire à cet inique et brutal traitement. Si parfait que l'on pût être d'humeur et de caractère, si protégé que l'on pût se croire par les traités les plus solennels, il était toujours dangereux d'être à chaque heure du jour sous la main de ces farouches sectateurs de Mahomet ; les deux vicaires apostoliques Jean Le Vacher et Michel Montmasson, ne périrent-ils pas à la bouche du canon par un pur caprice du féroce pacha, qui bravait ainsi la flotte française croisant dans les eaux algériennes?

Maintenant que nous savons ce qu'était Alger dans les premières années du XVIIIe siècle, et que nous connaissons la tâche ardue et périlleuse, dévouée et sainte à laquelle se consacraient les lazaristes, il nous faut reprendre l'histoire du missionnaire sedanais.

Le supérieur de la mission, M. Laurence, étant mort en 1705, M. Duchesne fut appelé à le remplacer comme vicaire apostolique dans tous les Etats barbaresques. La sacrée congrégation de la Propagande lui transmit cette même année, de Rome, les lettres-patentes de cette haute dignité, et il s'empressa de transmettre la nouvelle de sa promotion aux pères Capucins de Tunis et aux Trinitaires d'Alger; mais les uns et les autres voulant se soustraire à sa juridiction, il soutint fermement ses droits, qui furent confirmés de nouveau par la cour de Rome; il les soutint, non par un vain désir d'orgueil et de domination, mais par esprit de dignité, pour conserver intacts les pouvoirs dont il était revêtu, et surtout pour prévenir des troubles et des divisions dont les suites eussent pu être funestes. Le schisme dans l'Eglise n'est-il pas le déchirement de la robe de Jésus-Christ?

Hassein était dey d'Alger lorsque M. Duchesne prit possession du vicariat-apostolique. Les chrétiens exerçaient paisiblement leur religion, quand tout-à-coup arriva une lettre de Gênes ou de Livourne par laquelle un Turc annonçait que les mahométans moribonds étaient forcés à recevoir le baptême, et qu'après leur mort les cadavres étaient traînés dans la rue une corde au cou. A ces nouvelles, et sans même examiner si ces dénonciations étaient fondées, si ce n'était pas une de ces calomnies si souvent propagées pour courir sus aux chrétiens et les exterminer, Hassein fit saisir trois religieux corses, et les fit conduire hors de la ville pour y périr dans les flammes.

M. Duchesne se hâte d'en avertir le consul de France, qui court à l'instant même à la Maison-du-Roi, assurant au dey que la lettre était mensongère, et que les Turcs n'éprouvaient que de bons traitements de la part du grand-duc, ainsi que le constataient irréfragablement des renseignements reçus la veille par le vicaire apostolique. Cette démarche eut un plein succès, Hassein révoqua ses ordres barbares, et le consul se transporta en toute hâte au lieu de l'exécution, où déjà les religieux étaient sur le bûcher, les mains liées derrière le dos et le visage horriblement contusionné par les pierres qui leur furent jetées en traversant les rues et les places publiques. Les religieux furent délivrés; mais comme on les ramenait en ville les mains toujours garrottées, ils eurent encore à subir les outrages de la populace. N'oublions pas de dire que ce pieux et fervent sectateur de Mahomet avait menacé le vicaire apostolique de le faire pendre par les oreilles si de semblables nouvelles parvenaient encore à Alger. Il ne voulait rien moins que le rendre responsable des mauvais traitements dont les Turcs auraient à se plaindre dans les Etats catholiques. C'était tout simplement une sentence de mort à courte échéance, et les événements ne tardèrent pas à le prouver. A peine quelques mois s'étaient écoulés qu'il survint une autre lettre de Gênes dénonçant à un aga quelques mauvais procédés infligés à des Turcs. Outré de colère, Hassein en saisit le divan, et il demande que M. Duchesne soit brûlé vif. Le consul de France est ici sublime de courage et d'énergie; il se rend au Château-du-Roi et il demande au dey la lettre originale où se trouvaient ces plaintes, et le prie de la parapher et d'y apposer le sceau de l'Etat, afin de la transmettre à Gênes, pour en faire rechercher l'auteur, et faire constater juridiquement la fausseté de la dénonciation. Le dey promit de lui remettre cette lettre, mais le lendemain il déclara qu'elle était perdue, et l'affaire n'eut pas de suites.

La mort par le cimeterre ou par le bûcher était pour l'homme de Dieu une menace de toutes les heures, mais comme il avait jeté son ancre dans le sein de la divine Providence, il demeurait calme au milieu des plus furieuses tempêtes, et il travaillait à son œuvre de prédilection, s'estimant heureux, comme les apôtres, d'avoir été jugé digne de souffrir pour le nom de Jésus-Christ, *digni habiti sunt pro Christo contumeliam pati.* Dans la seule année de 1706 il eut l'immense joie de briser les fers de dix-sept esclaves, partie à ses dépens, partie avec les aumônes qu'il sollicitait en France, et jusqu'auprès de ses condisciples de collége, catholiques, israélites et calvinistes, qui lui avaient voué sur les bancs de l'école une inaltérable amitié.

Parvenir dans l'espace de douze mois à rendre à la liberté, à la tendresse de leur épouse et de leurs petits enfants dix-sept esclaves chrétiens, quel trophée de gloire! quel droit à la louange et à l'admiration! Que de joies dans les familles qui revirent les pauvres captifs! Que de bénédictions s'élevèrent au ciel en l'honneur du zélé missionnaire!

Un coup de main d'une audace extrême venait de précipiter du trône le sombre et farouche Hassein; quatre Turcs qui avaient été bannis quelques mois auparavant pour conspiration, rentrèrent à Alger, pénétrèrent sans résistance dans la maison du dey, le déposèrent et le firent embarquer pour Bougie. La régence était donc délivrée d'un cruel despote; mais ici en changeant de maître n'est-on pas certain de retrouver sur le trône le même despotisme, la même haine du nom chrétien? L'un de ces quatre hommes, Pectah-Mahmet-Effendi, se fit proclamer dey par le divan, et c'est sous son règne que M. Duchesne dut se prodiguer pour donner ses soins à de nombreux prisonniers.

Nous rapportons ce fait de guerre parce qu'il nous peint sous les couleurs les plus saisissantes et les plus

vives le dévouement d'un homme à la cause sacrée
du malheur.

Les Espagnols étaient maîtres d'Oran. Depuis longtemps les Turcs avaient formé le dessein de leur
enlever cette place. Pour donner de l'occupation à
l'armée toujours remuante, et inaugurer son avène-
ment par un coup d'éclat, le nouveau dey résolut
d'exécuter cette entreprise. Les Espagnols se défen-
dirent d'abord vigoureusement ; chaque sortie était
couronnée de succès, et bon nombre de chefs arabes
avaient mordu la poussière ; mais bientôt la trahison
et la lâcheté se glissèrent dans leurs rangs et les forts
de Saint-Philippe, de Sainte-Croix, de Saint-Georges
et de Saint-André, ainsi que la ville de Mers-el-Kébir
se rendirent successivement à l'ennemi. Le 26 mai
1708, le chef des troupes turques, Baba-Assan, fit son
entrée triomphale à Alger, emmenant plus de deux
mille prisonniers, parmi lesquels se trouvaient des
officiers des plus nobles familles castillanes, et quatre
chevaliers de Malte.

A l'arrivée de tant d'infortunés qui étaient dans le
dénûment le plus absolu, le zèle et la charité du vicaire
apostolique ne connurent plus de bornes. C'était un
saint Paulin de Nole, c'était un autre Vincent de Paul.
Indépendamment des soins spirituels qu'il leur prodi-
gua la nuit comme le jour, il les pourvut d'habits et
d'aliments avec le désintéressement le plus évangélique, livrant jusqu'au dernier objet de sa maison et

de sa chapelle, et ne balançant pas à contracter des dettes en leur faveur après avoir épuisé les dernières ressources de la charité.

Que d'autres, pour se faire un nom parmi leurs contemporains ou dans les âges futurs, fassent couler à grands flots le sang ennemi sur les champs de bataille, et sèment autour d'eux le désespoir et la mort! Lambert Duchesne méprise toute gloire humaine; mourir obscur sur une plage inhospitalière, en séchant les larmes des malheureux, en brisant les fers de ses frères captifs, telle est sa suprême ambition. C'est de la folie, oui, mais la folie de la croix dans son plus glorieux, son plus splendide épanouissement; et quoique l'on fasse, quoique l'on dise, là sera toujours la véritable grandeur de l'homme, et son premier titre aux bénédictions du Ciel. On se souvient du mot du maréchal de Luxembourg, à qui l'on parlait de sa gloire dans les derniers moments de son existence. — « J'aimerais mieux, répondit ce grand capitaine, le mérite d'avoir secouru un malheureux que la gloire dont vous me parlez. »

Cependant les fatigues morales et matérielles de son laborieux apostolat le forcèrent d'interrompre ses occupations et firent craindre pour ses jours. Mais Dieu voulut conserver à la mission un ministre qui contribuait si puissamment à le faire honorer par sa sagesse, sa piété, sa charité, son zèle aussi constant que désintéressé ; et après plusieurs mois de maladie, M. Duchesne put reprendre aussi activement que jamais ses pénibles travaux. Néanmoins, sur ses vives instances, et dans la crainte de le voir succomber sous le faix, M. le supérieur général lui envoya un confrère en 1712.

Dans les années qui suivirent, il y eut de nombreux rachats d'esclaves français négociés par les Pères de la Trinité et de la Merci. L'habileté et l'expérience du vicaire apostolique furent d'un immense secours dans cette œuvre de rédemption, et le Père Comelin, qui a écrit l'histoire du rachat de quatre-vingt-dix-huit esclaves en 1719, fait le plus magnifique éloge du zèle, de la charité, de la bienveillance et du parfait désintéressement de M. Duchesne.

Ici se place l'épisode si émouvant et si dramatique de la famille de Bourk. Les infortunes de cette famille ont été plusieurs fois décrites, et cependant nous croyons devoir les rappeler aussi succinctement que possible, parce qu'elles se lient à une page de la glorieuse existence de notre missionnaire, dont les négociations en cette circonstance eurent le plus heureux, le plus magnifique succès, et témoignent de l'ascendant que son caractère et ses qualités éminentes exerçaient dans cette farouche contrée.

Mme de Bourk, appartenant à une grande famille française, et femme de l'ambassadeur de Suède à la cour d'Espagne, voulut se rendre à Madrid, où résidait son mari, et s'embarqua à Cette, sur une tartane génoise, avec son fils âgé de huit ans, sa fille de dix ans, l'abbé de Bourk, et plusieurs serviteurs, en tout dix personnes.

Trois jours après avoir mis à la voile, le 25 octobre 1719, à la hauteur des côtes de Palamos, la tartane fut attaquée et prise par un corsaire turc, renégat hollandais. Mme de Bourk excipa de sa qualité de Française, montra son passe-port, et en vertu des traités conclus entre la France et le dey d'Alger, réclama la liberté pour elle et pour les siens. Le corsaire accueillit la réclamation, mais en déclarant à Mme de Bourk qu'il fallait qu'il la conduisît à Alger, afin que son passeport fût présenté au dey, et que là elle serait remise entre les mains du consul de France, qui se chargerait de la faire transporter en Espagne. Il lui donna le choix, ou de rester sur la tartane, ou de passer sur son vaisseau monté par deux cents turcs.

Mme de Bourk se décida pour la tartane qui se dirigea vers les États barbaresques, remorquée par le navire du renégat. Mais une furieuse tempête s'éleva, le câble de la remorque fut cassé, et la tartane séparée du vaisseau fut jetée, le 1er novembre, non loin de Gigeri, contre un rocher où elle se brisa. Toute la poupe fut aussitôt submergée, et Mme de Bourk, qui était en prières dans sa cabine, fut noyée avec son fils. Ceux qui se trouvèrent du côté de la proue, parmi lesquels étaient l'abbé de Bourk, un Irlandais du nom d'Arthur, le maître d'hôtel, une des filles de chambre et le la-

quais, s'accrochèrent aux débris qui jonchaient le rocher. Arthur ayant aperçu quelque chose dans l'eau
qui se débattait contre les flots, s'élança vers le sub-
mergé flottant encore : c'était Mlle de Bourk; il la retira
et la remit entre les mains du maître d'hôtel, lui re-
commandant d'en avoir soin, ajoutant que pour lui il
allait se jeter à la mer, parce qu'il était le seul qui sût
nager. Hélas! il ne reparut plus. L'abbé descendit le
premier des débris de la tartane sur le rocher où elle
s'était brisée; il s'y soutint quelque temps avec son
couteau qu'il avait enfoncé de force dans une fente du
rocher, contre les vagues dont il fut plusieurs fois cou-
vert et qui le poussèrent du côté d'une roche sèche,
d'où, pour gagner le rivage, il avait encore un petit
bras de mer à passer; il voulut se saisir d'une planche
du débris qu'il trouva sous sa main, mais elle lui
échappa; il put enfin se servir d'une rame avec laquelle
il gagna un rocher qui tenait à la terre ferme.

Les Maures accourus sur le rivage se jetèrent en
grand nombre à la mer, non pour opérer le sauve-
tage de chrétiens naufragés, mais dans l'espoir de
recueillir un riche butin et de trouver un jour dans
la rançon des captifs un trésor assuré. En voyant
approcher ces barbares, Mlle de Bourk dit au maître
d'hôtel : « Je ne crains pas que ces musulmans me
« tuent, mais je crains qu'ils me fassent changer de
« religion; cependant je souffrirai plutôt la mort que
« de manquer à ce que j'ai promis à Dieu. »

Les Maures les dépouillèrent tous et les conduisirent par des chemins âpres et rugueux qui mirent leurs pieds en sang, jusqu'aux cabanes de la première montagne. Là, on les partagea : Mlle de Bourk, l'abbé et l'un des serviteurs échurent au même maître, qui leur donna pour se couvrir un méchant lambeau de serge, et pour nourriture un petit morceau de pain de sarrasin cuit sous la cendre, avec un peu d'eau.

Le lendemain, les barbares qui composaient le douar s'assemblèrent dans la cabane où étaient les trois captifs, pour décider de leur sort. Les avis furent partagés : les uns, par fanatisme religieux, concluaient à la mort, afin de s'assurer le paradis de Mahomet par ce sacrifice des chrétiens ; les autres, mus par des motifs d'intérêt et l'espérance d'une forte rançon, émirent un avis contraire. L'assemblée se sépara sans rien conclure ; mais pendant ce jour, comme dans les jours suivants, on n'épargna aux captifs ni les outrages ni les menaces ; on allumait des feux comme pour les brûler vifs, on les prenait par les cheveux et on leur appliquait le tranchant du sabre sur le cou, comme si on se disposait à leur abattre la tête.

Dans les trois semaines qu'ils demeurèrent en ce lieu, Mlle de Bourk, profitant d'un peu de papier blanc qu'elle effeuilla d'un livre laissé dédaigneusement à l'un de ses compagnons de captivité, écrivit trois lettres au consul de France à Alger ; mais aucune d'elles n'arriva à sa destination. Au bout de ce temps, ils furent transférés au milieu des hautes montagnes du Coucou, où le principal cheik faisait sa résidence. Là, leur sort ne s'améliora point. Gardés à vue, accablés d'insultes, menacés de mort à chaque instant, nourris de quelques légumes crus, sauf un peu de lait que des enfants compatissants donnaient à la jeune captive, ils éprouvèrent au moral comme au physique, toutes les tortures imaginables.

Cependant, une quatrième lettre écrite par Mlle de Bourk au consul, arriva à Alger le 24 novembre. Elle y jeta la consternation. Les Pères Trinitains offrirent spontanément les sommes nécessaires au rachat des captifs, et le représentant du Roi de France se rendit chez le dey pour réclamer comme sujets français tous ceux qui étaient tombés entre les mains des Kabyles. Le dey témoigna de sa bonne volonté, mais il déclara qu'il n'avait aucun pouvoir sur ces Maures, qui habitaient une montagne inaccessible et étaient gouvernés par un cheik, son ennemi, et qui, en toutes circonstances, bravait sa souveraine autorité. Il fallait aviser à quelque autre moyen : on tint conseil. Nul ne peut tracer une marche sûre, et tous cependant espèrent ; tous espèrent que M. Duchesne, comme le plus ancien dans le pays, et le plus au fait par sa longue expérience du génie des Turcs et des Maures, offrira une voie de salut pour ces infortunés captifs. Ils ne s'étaient pas trompés. « Messieurs les ambassadeurs, « dit le vénéré vicaire apostolique, après y avoir

« bien pensé devant Dieu, la voie la plus sûre et
« la plus courte pour négocier ces rachats dans ces
« repaires que le dey lui-même déclare inaccessibles,
« c'est d'y employer le grand-marabout de Bougie,
« qui est très-aimé et très-respecté des Maures des
« montagnes ; mes vieilles et bonnes relations avec
« le marabout ou l'iman d'Alger, me permettent d'es-
« pérer que par lui le marabout de Bougie voudra
« bien se rendre auprès du principal cheik des Ka-
« byles ; mais il faut pour l'un et pour l'autre des
« présents de grand prix. » Cet avis reçut l'approba-
« tion générale ; on prépara les présents pour les ma-
« rabouts, et des habits pour Mlle de Bourk ; le dey se
« montra favorable, et une tartane leva l'ancre pour
« Bougie. »

Quoique malade, le grand-marabout monta à che-
val avec le marabout de Gigeri ; il se fit escorter de
quelques Maures et prit la route des montagnes qui
étaient à cinq ou six journées de Bougie. Grâce à son
caractère, à l'influence qu'il exerçait, à la vénération
qu'il inspirait, mais non toutefois sans de difficiles
négociations, il fut assez heureux pour emmener les
cinq captifs, moyennant une forte quantité de sulta-
nins d'or donnés de la main à la main, et une forte
rançon payable incessamment. Le grand-marabout
laissa en ôtage un Turc et plusieurs joyaux de sa
femme.

On pourra se faire une idée des cruelles angoisses

de Mlle de Bourk pendant ces négociations, lorsque le drogman qui accompagnait les marabouts déclara que le cheik consentait à rendre quatre captifs à la liberté, mais qu'il retiendrait la jeune personne pour la marier un jour à son fils aîné, disant que, quand elle serait fille du Roi de France, son fils ne lui était pas inférieur, étant né du Roi des Montagnes.

Arrivés à Bougie le 9 décembre, ceux-ci parvinrent le 13 à Alger, où ils furent reçus sur le môle par le consul, le vicaire apostolique et les pères rédempteurs, et conduits dans la chapelle de l'hôtel de l'embassadeur pour remercier le Seigneur de la protection dont il les avait favorisés. M. Duchesne leur adressa une touchante allocution et célébra les saints mystères qui furent suivis du *Te Deum*, chanté par tous les assistants.

Nous devons arrêter ici une biographie qu'il nous était doux d'esquisser, et que nous offrons, avec tant de bonheur, aux compatriotes de notre illustre missionnaire : et cependant quelles richesses nous laissons encore enfouies et qu'il avait si soigneusement amassées pour le Ciel.

Dès les premiers jours de son arrivée sur la terre algérienne on le vit se prodiguer et se répandre ; il voulut être à tout et à tous ; les préoccupations de la charité, la vigilance pastorale, la rédemption des esclaves chrétiens remplissaient son cœur et se disputaient sa pensée ; les œuvres se produisaient et se multipliaient sous sa main. Chacun de ses pas, chacun de ses actes était marqué par un élan de son cœur vers ce que le Christ aima le plus sur la terre : les pauvres, les petits, les malheureux. Non content de ce qu'il faisait par lui-même, il voulait que son expérience profitât dans l'avenir. Il réforma beaucoup d'abus, notamment en ce qui concernait les présents qu'on avait coutume de faire aux fonctionnaires et officiers mahométans; il dressa des mémoires pour ses successeurs; il disait filialement au Pontife suprême de la catholicité, comme le lui prescrivaient les constitutions apostoliques, les craintes, les espérances et les consolations de son vicariat apostolique. Sa sollicitude, constamment en haleine, veillait à tout, s'étendait sur tout.

Ce que l'on sait des mœurs farouches de ces contrées, ce que nous avons fait connaître du dévouement et de la fermeté de M. Duchesne, suffisent pour donner à comprendre tout ce que cet homme de Dieu eut à souffrir des caprices et de la tyrannie des différents chefs qui se succédèrent à Alger. Les consuls changèrent, quelques-uns sur les injonctions mêmes du dey ; M. Duchesne supporta toutes les violences sans quitter son poste; et il arriva enfin que les sublimes vertus évangéliques du vénérable missionnaire, appréciées à leur valeur par ces barbares eux-mêmes, lui donnèrent une influence véritable dont il se servit avec succès en mainte occasion, soit pour réclamer des prisonniers, soit pour éviter entre les États barbaresques et la France des ruptures dont les conséquences n'auraient pu être que funestes, puisqu'aux termes des conventions de paix le pavillon français était respecté par les corsaires algériens.

En 1734, M. Duchesne fut douloureusement éprouvé par la mort du confrère qu'on lui avait envoyé, M. Batault, son confident et son ami. Le vicaire apostolique était alors atteint d'infirmités ; mais l'âme était vaillante si le corps était souffrant. Il suppléa M. Batault dans les soins à donner aux esclaves, jusqu'à ce qu'un autre lazariste lui fut adjoint; et il se faisait porter sur une chaise dans les bagnes lorsqu'il était appelé le jour ou la nuit pour l'administration des sacrements aux esclaves malades.

Deux années encore, M. Duchesne exerça sa charitable mission, et ce fut le 23 décembre 1736 que le vaillant guerrier qui avait combattu le bon combat sur la terre s'endormit doucement dans le Seigneur à l'âge de 85 ans, et après avoir passé 37 ans à Alger.

« Aimé et estimé au dedans et au dehors, — disait
« M. Couty, supérieur-général de la congrégation, —
« M. Duchesne est universellement regretté. Les chré-
« tiens, les Francs, tant les hérétiques que les autres;
« des Turcs, des Maures, des Juifs, qui avaient mis
« en lui leur confiance, ont témoigné combien ils
« étaient sensibles à sa mort. Le dey lui-même, Baba-
« Ibrahim Effendi, pour marquer sa douleur, se frappa

« la tête, lorsqu'on lui apprit que le vieillard n'était
« plus. Il l'avait en haute considération, et quand il
« le voyait, il lui témoignait par des caresses son
« estime et son amitié. Il s'était servi de lui plusieurs
« fois pour accommoder des affaires importantes, et
« la cour de France sait avec quelle prudence et quel
« succès il a souvent réconcilié les consuls avec le
« dey. »

Il y a, dans les mêmes archives de la congrégation
des Lazaristes, une lettre du ministre de la marine qui
rend le plus brillant témoignage des éminentes qualités du vicaire apostolique; il dit de lui « qu'il a bien
mérité de la France. » Cette parole d'un ministre de
France n'honore-t-elle pas à jamais la mémoire d'un
homme?

Mais n'est-ce pas un fait immanent dans le monde?
Tous nos amiraux, tous les officiers de notre marine
ne constatent-ils pas à l'envi que partout où il est
donné à un missionnaire français de poser le pied sur
les plages de l'ancien ou du nouveau monde, il y fait
aimer le nom de la France? Son cœur y bat toujours
pour elle.

Le témoignage du ministre qui proclamait si haut
les sentiments patriotiques du missionnaire sedanais,
ne parvint à Alger que pour décorer son cercueil;
ce prêtre, au cœur si français, venait de mourir; le
deuil avait pris la place de la gloire.

La mort de M. Duchesne, a écrit un pieux enfant

de Saint-Vincent-de-Paul, qui lui aussi est d'origine sedanaise (M. Martin), fut une perte immense pour la Compagnie, qu'elle privait de ses héroïques et pieux exemples, pour la chrétienté de Barbarie, objet de son zèle apostolique et de sa tendresse paternelle, pour la France, dont les consuls et les ministres trouvaient en lui un conseiller prudent, désintéressé et dévoué aux intérêts de sa patrie. Aussi, longtemps après son décès, on aimait à se rappeler sa conduite et à se modeler sur ses actions.

Que pourrions-nous ajouter à cet éloge si complet et si justement mérité? D'ailleurs en présence d'une vie aussi héroïquement chrétienne, la plume serait impuissante à traduire les sentiments de l'âme. On se recueille, on médite et l'on admire.

Charleville, Typographie A. Pouillard. — 674